凍ったまま
すぐ使える

1人分

冷凍パック

村上祥子

大和書房

# CONTENTS

1人分を冷凍パックしておけば、
レンチンしてすぐごはん！ ……………………… 008

1人分冷凍パックとは ……………………… 010

1人分冷凍パックの7つのいいところ ……………… 012

冷凍パック料理は無限大 ……………… 014

1人分冷凍パックの作り方 ……………… 016

1人分冷凍パック料理のルール ……………… 018

1人分冷凍パック料理のコツ ……………… 020

1人分冷凍パック Q&A ……………… 022

## 凍ったまますぐ使える1人分冷凍パック

### 肉

**01** 豚薄切り肉＋しめじ・ピーマン ……………… 026
- 汁物｜豚肉としめじのみそ汁
- おかず｜ポークマリネ
- 主食｜ポークチリご飯

**02** 豚ひき肉＋ズッキーニ・春菊 ……………… 030
- 主食｜中華おこわ風
- 汁物｜ズッキーニと春菊の中華スープ
- おかず｜緑野菜のオイスターソース炒め

**03** 豚薄切り肉＋グリーンピース・にんじん ……………… 034
- 主食｜豚丼
- 汁物｜豚肉とグリーンピースのみそ汁
- おかず｜豚肉とグリーンピースのめんつゆ煮

**04** 牛薄切り肉＋ブロッコリー・大根 ……………… 038
- 主食｜ブランパンの低糖質サンド
- 汁物｜牛肉と大根の韓国スープ
- おかず｜チャプチェ

**05** 牛肉+たまねぎ・にんじん・じゃがいも・さやいんげん … 042

おかず｜ビーフシチュー

おかず｜牛肉のきんぴら

汁物｜牛肉とじゃがいものポトフ

**06** 鶏のから揚げ+

グリーンピース・にんじん・マッシュルーム …………… 046

汁物｜鶏のから揚げのタイ風スープ

おかず｜チキン南蛮

主食｜クロワッサンサンド

**07** 豚ひき肉+もやし・万能ねぎ ……………………… 050

主食｜肉もやし丼

汁物｜豚ミンチともやしの中華スープ

おかず｜もやしの肉みそ炒め

**08** 鶏こま切れ肉+生しいたけ・かぼちゃ・万能ねぎ ……… 054

おかず｜変わり筑前煮

汁物｜鶏とかぼちゃのみそ汁

主食｜チキンカレー

**09** 鶏ひき肉+こんにゃく・ごぼう・にんじん ……………… 058

おかず｜根菜のお好み焼きソース炒め

汁物｜鶏ひき肉とこんにゃく、ごぼうのさつま汁

主食｜かさ増しカレーめし

**10** サラダチキン+豆もやし・小松菜 ………………… 062

おかず｜鶏のちゃんちゃん焼き

主食｜チキンカスクート

汁物｜サラダチキンともやしの洋風スープ

## 魚

**11　アサリ+小松菜・にんじん** ……………………… 070
- おかず｜アサリのチーズ焼き
- 汁物｜野菜たっぷり貝汁
- 主食｜ボンゴレパスタ

**12　サバ缶+かぼちゃ・キャベツ** ……………………… 074
- おかず｜サバのみそ煮
- 汁物｜サバ缶とかぼちゃのみそ汁
- おかず｜ベトナム風サラダ

**13　鮭+じゃがいも・チンゲンサイ** ……………………… 078
- おかず｜鮭とチンゲンサイのごまあえ
- 汁物｜鮭とじゃがいものみそ汁
- 主食｜鮭雑炊

**14　ツナ+里いも・こんにゃく・長ねぎ** ……………………… 082
- おかず｜石狩ひとり鍋
- おかず｜ツナと里いものしぎ焼き風
- 汁物｜ツナと里いものみそ汁

**15　アサリ+オクラ・トマト・なす** ……………………… 086
- 汁物｜アサリとオクラのミネストローネ
- おかず｜アサリのホットサラダ
- 主食｜深川めし

**16　えび+長ねぎ・パクチー** ……………………… 090
- 汁物｜えびとパクチーのタイ風スープ
- おかず｜えびとパクチーのナンプラーあえ
- 主食｜えびとパクチーの焼きビーフン

## 大豆製品

**17 大豆+しめじ・れんこん・万能ねぎ** ········· 098
- 主食 | 和風ハンバーガー
- 汁物 | 大豆としめじの韓国スープ
- おかず | 大豆なます

**18 油揚げ+大根葉・たまねぎ** ········· 102
- おかず | 油揚げと野菜のほたほた煮
- 汁物 | 油揚げと大根葉のみそ汁
- 主食 | 他人丼

**19 豆腐+ブロッコリー・大根** ········· 106
- おかず | 麻婆豆腐
- おかず | いり豆腐
- 汁物 | 豆腐とブロッコリーのみそ汁

**20 豆腐+春菊・にんじん** ········· 110
- 汁物 | 豆腐と春菊のクリームスープ
- 主食 | 冷や汁
- おかず | あんかけ豆腐

**21 納豆+大根・長ねぎ** ········· 114
- 主食 | ねばっこ餅
- 汁物 | 納豆と大根のみそ汁
- おかず | 大根の納豆あえ

**22 油揚げ+キャベツ+わかめ** ········· 118
- おかず | 油揚げとキャベツのごまみそあえ
- 主食 | きつねうどん
- 汁物 | 油揚げとキャベツのみそ汁

## 加工品など

**23** かまぼこ＋もやし・万能ねぎ ……………… 126

- 汁物 ｜ かまぼこともやしの中華スープ
- おかず ｜ かまぼこともやしの酢みそあえ
- 主食 ｜ 長崎ちゃんぽん風

**24** ウインナーソーセージ＋なす・きゅうり・プチトマト … 130

- おかず ｜ ウインナーのオイスターソース炒め
- 主食 ｜ ウインナーのリゾット
- 汁物 ｜ ウインナーと夏野菜のスープ

**25** カニ風味かまぼこ＋コーン・たまねぎ・ピーマン ……… 134

- おかず ｜ カニかまマヨサラダ
- 汁物 ｜ カニかまとコーンのスープ
- 主食 ｜ カラフル焼きそば

**26** ベーコン＋キャベツ・ピーマン・にんじん ……………… 138

- おかず ｜ ベーコン野菜のレタス包み
- 汁物 ｜ ベーコンとキャベツのスープ
- 主食 ｜ かんたんドリア

**27** フランクフルトソーセージ＋
たまねぎ・クリームコーン・パセリ ……………… 142

- おかず ｜ フランクフルトソーセージ・温野菜添え
- 汁物 ｜ フランクフルトソーセージとコーンのスープ
- おかず ｜ フランクフルトキムチ鍋

**28** スパム＋えのきたけ・にんじん・万能ねぎ ……………… 146

- 汁物 ｜ スパムとえのきの中華スープ
- おかず ｜ スパム・スクランブル
- 主食 ｜ にゅうめん

## 29 卵焼き＋ゴーヤ・さやいんげん ······ 150
- おかず｜卵チャンプルー
- 汁物｜卵焼きとゴーヤのみそ汁
- 主食｜ゴーヤうどん

## 30 コンビーフ＋にら・大根・にんじん ······ 154
- おかず｜野菜のコンビーフ炒め
- 汁物｜コンビーフとにらのスープ
- 主食｜にらそば

台所の働き方改革実施中！
カンタンに料理して、食べることを楽しんで ······ 158

column 1　体に必要な栄養素を無理なく、賢くとる ······ 066
column 2　「一汁」または「一菜」のどちらかで十分です ······ 094
column 3　「シンプルキッチン」で楽しく健康管理 ······ 122

■本書の表記について
・電子レンジはすべて600Wで加熱したときの時間です。
・材料は1人分です。
・計量の単位は1カップは200mℓ、大さじ1は15mℓ、小さじ1は5mℓです。
・オーブントースターの加熱時間は目安です。ご使用になるオーブンによって差が生じることがありますので、加熱時間を参考に調整してください。

# 1人分を冷凍パックしておけば、レンチンしてすぐごはん！

　村上祥子77歳。今も現役の料理研究家です。

　「村上さんは実は3人おりまして、1人は東京、1人は福岡、皆さんの前に立っているのがもう1人」

　全国各地で精力的に仕事をこなす私を、講演会の主催者が紹介したときの言葉です。

　ひざ痛もなし、腰痛もなし、年齢を重ねても筋肉量は多いらしいです。人生ずーと元気で、気力も衰えることがありません。その秘密は、いつも変わらず料理をして、3食食べてきたことかな、と思います。

　作るのが面倒になってくるシニア世代に、「ちゃんと食べて、ちゃんと生きる」「食べ力®」を伝えたい、育児や仕事に忙しい若い世代にも「食べ力®」の応援をしたい、と思います。個食時代のレシピは「カンタン・手抜き」でいい。「必ず食べる」がルール。1食分を肉や魚が50g、野菜が100g、余り食材で作り、チンするだけですむ「冷凍パック」のことを、書籍『60歳からはラクしておいしい頑張らない台所』に書きました。

　子育て、仕事、介護など、若い人もシニアも忙しいのです。とにかく「ちゃんと食べる」を説明するために、食育講演会で冷凍パックを使って電子レンジで実演。牛肉50g、じゃがいも、にんじん、たまねぎ、さやいんげん合わせて100gで、ビーフシチューを作ります。試食した人は「いや、なんておいしいの！ ふっくら煮えてる！」と。

　このたび、『凍ったまますぐ使える1人分冷凍パック』という本になりました。

　この冷凍パックがあれば、みそ汁、スープだけでなく、即席カップ麺の具に、ごまだれをかけておかずに……など、簡単に栄養バランスが取れます。

村上祥子

# 1人分冷凍パックとは

1人分冷凍パックとは、1人の1回の食事に必要なたんぱく質食材50gと野菜100gを、食べやすく切ってフリージングパックに入れて冷凍したもの。いつでも取り出して使える便利な手作り"ミールキット"です。

**たんぱく質**
## 50g
肉
魚
大豆製品
加工品 など

**野菜**
（合わせて）
## 100g

冷凍庫へ

（1カ月保存できる）

食べるときに
チンして

でき上がり！

# 1人分冷凍パックの
# 7つのいいところ

## \1/ 調理がカンタン！

冷凍パックの食材を耐熱容器に入れて、あとは
電子レンジにおまかせ。火加減を気にする必要
もなし。料理に自信がなくても、誰でもカンタン
においしく作ることができます。

## \2/ 短時間でできる！

電子レンジは、ガスコンロやIHヒーターで加熱
するよりも早く食材に火を通すことができます。
なので、より短時間で調理ができ、すぐに食事
が整います。

## \3/ 栄養を逃さない！

電子レンジを使うと、鍋で煮るよりも水の量を減
らすことができます。そのため、栄養成分が流れ
出にくく、栄養を逃さず調理できるのもいいとこ
ろです。

## \ 4 / 火を使わないので安全！

電子レンジは火を使わずに加熱する調理器具。うっかり火を消し忘れたり、近くのものに火が燃え移ったりといったことがありません。シニアの方でも子どもでも安全です。

## \ 5 / 片づけがラク！

冷凍パックの凍った食材を耐熱の器に入れてチン。そのまま食卓へ出せます。余分な調理器具を使わないので、洗い物が少なくなり、片づけの手間も減らせます。

## \ 6 / 切り方が不揃いでもOK！

多少食材の切り方が揃っていなくても、電子レンジ調理なら均一に火が通ります。ゴロゴロ野菜がお好みなら大きめに、食べやすくするなら小さく切るなど、自由にどうぞ。

## \ 7 / ファイトケミカルが摂れる！

野菜は第7の栄養素といわれるファイトケミカルの宝庫。活性酸素を除去し、免疫力がアップ。加熱するとかさが減って食べやすくなり、体内への吸収率も増します。

# 冷凍パック料理は無限大

たんぱく質食材50g、野菜100gという決まりだけで、食材の組み合わせは自由。おかず、汁物、主食にもできて、味つけも調味料を和風、洋風、中華・エスニックに変えれば、料理は無限大に広がります。

おかず

汁物

主食

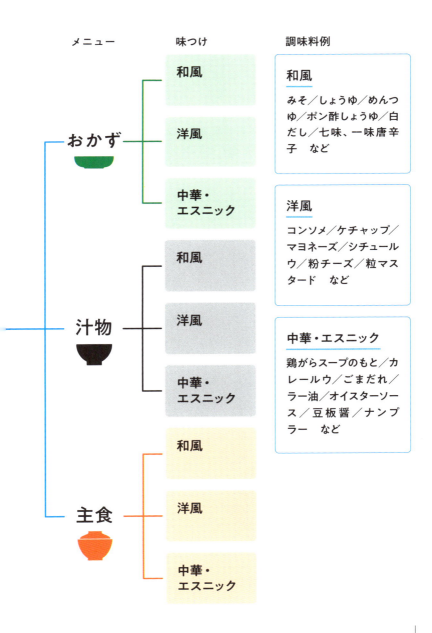

# 1人分冷凍パックの作り方

冷凍パックの作り方はカンタン！ たんぱく質食材50g、野菜を合わせて100gを食べやすい大きさに切り、フリージングバッグに入れて冷凍庫に入れるだけ。時間があるときや、残り物が出たときに作っておけば便利。

**用意するもの**

## Sサイズの
## フリージングバッグ

冷凍できるフリージングバッグでサイズは食材がぴったり入るSサイズがおすすめ。

**たんぱく質食材**
# 50g

**野菜**(合わせて)
# 100g

たんぱく質食材は、肉、魚、大豆製品、加工品などで、残り物でOK。野菜は合わせて100gになれば品数、組み合わせは自由。

作り方
## 入れるだけ！

↓ 冷凍庫へ

パックするポイントは、野菜から入れて、たんぱく質食材は取り出しやすいところに入れましょう。調理する際は、たんぱく質食材を下にして、野菜をその上に重ねます。

# 1人分冷凍パック
# 料理のルール

冷凍パックがあれば、好きなときに冷凍庫から取り出して、凍ったままの食材を耐熱容器に入れてレンチンすれば、すぐ料理ができ上ります。カンタンなルールがあるので、それだけ守れば誰でもおいしくできます。

## 1 凍ったまま食材を入れる

凍ったままの食材を耐熱容器に、たんぱく質食材、野菜の順に入れる。容器はそのまま食卓に出すものでもOK。

## 2
**調味料を入れる**

手順②と③が入れかわる場合もあるが、汁物は先に調味料、水分を入れておく。

## 3
**ふんわりラップをして600Wでレンチン!**

ラップをすることで加熱時間が短縮。吹きこぼれないように湯気の抜け道を作る"ふんわりラップ"がポイント。

# 1人分冷凍パック料理の**コツ**

誰でも失敗なく、簡単にできるのが冷凍パック料理。でも、知っておくとよりおいしくできるコツが、あるんです！

## 汁物は沸騰したら時間内でも取り出して

汁物など水分の多いものは、吹きこぼれを防ぐため、大きめの容器に入れてからレンジ加熱するといいでしょう。特にとろみのあるものはあふれやすいので、受け皿を敷いてからレンジに入れると、万が一吹きこぼれたときも、後片づけがラクになるので安心です。中身が沸騰したら、レシピに書いてある時間より短くても、レンジを止めて取り出します。

## ひき肉は加熱する前に砕くと熱が通りやすい

ひき肉はほかの食材と混ざらないよう、ラップしてから保存袋に入れて冷凍します。冷凍したひき肉は、そのまま加熱するとダンゴ状になってしまいます。加熱する前には、ラップの上から綿棒などで砕いて、ある程度バラバラにしてから容器に入れます。

## ラップは
## ふんわりかけて
## 吹きこぼれ防止

電子レンジで加熱する際には、ラップを必ずかけて。ラップをかけることで加熱時間が短縮できます。ラップは容器の上からふんわりと覆うようにかけるのがコツです。すき間ができないようにラップをピッチリとかける方が多いのですが、加熱するとラップが熱で縮んでピタッと張りついてしまい、中身があふれる原因になります。ふんわりとかけて、湯気が逃げられるすき間を作ります。容器が小さい場合は吹きこぼれやすいので、ラップはかけずに1分ほど長めに加熱します。

## 肉や魚を先に入れ、
## 野菜は上にのせる

耐熱容器に食材を移すときは、肉や魚を先に入れ、その後に野菜を上にのせるとうまく調理ができます。野菜が上にあると、野菜の水分が落ちて、薄切り肉などがほぐれてくれます。

# 1人分冷凍パック Q & A

冷凍パックの素朴な疑問にお答えします。堅苦しく考えないで、自由にやって意外な発見を楽しんでみてください。

## Q 冷凍に向かない食材はありますか?

**A ほとんどありません**

一般的に、豆腐やこんにゃくは冷凍すると「す」が入るので、冷凍に向かないと言われています。でも、堅苦しく考えるのはやめましょう。豆腐やこんにゃくは、冷凍すると凍み豆腐、凍みこんにゃくに変わります。正統派の方にはおすすめしませんが、ぜひ新しい食感を楽しんでみてください。

## Q 冷凍前にゆでるなどの下処理は必要ない?

**A 必要ありません**

私は気にせず生で冷凍しますが、いもの場合は、生で冷凍すると多少シコシコ感が出ます。ホクホク感が欲しい方は、ゆでてから冷凍してください。こんにゃくはゆでると食べやすいです。

## Q 食材の組み合わせは
何でもいいの？

### A 家にあるもので何でもOK

レシピにある通りの食材でなくてもかまいません。たんぱく質と野菜が1:2で、全体で150gになればOKです。余った食材を組み合わせてみると、意外なおいしさが発見できます。大根葉の茎なども、私はよく使います。たんぱく質は肉や魚だけでなく、豆腐や納豆などでもOK。野菜は緑黄色野菜だけでなく、淡色野菜も取り入れるとファイトケミカル（P.68）の免疫力の恩恵にあずかれます。


## Q 食材の分量が足りないときは
どうすればいい？

### A 加熱時間を減らせばOK

レシピはあくまでも目安なので、レシピ通りの分量でなくてもかまいません。もし全体の量が少ない場合は、レンジでの加熱時間を少し短くすればいいのです。もし肉や魚が足りない場合は、豆腐や豆類を足してみてはどうでしょう。また、たんぱく質と野菜はちょうど1:2にならなくても、合計で150gになればOKです。

# 凍ったますぐ使える
# 1人分冷凍パック

**01_10**
肉

**11_16**
魚

**17_22**
大豆製品

**23_30**
加工品 など

01 Frozen Pack

肉

豚肉&ピーマンでビタミンたっぷり

# 豚薄切り肉 + しめじ・ピーマン

メニュー例

汁物

### たんぱく質
## 豚薄切り肉　50g

### 野菜
## しめじ
## ピーマン ] 100g

おかず

#### パックの作り方

| 豚薄切り肉 | 3cm長さに切る。 |
| --- | --- |
| しめじ | 石突きを除いてほぐす。 |
| ピーマン | 種を除いて細切りにする。 |

主食

豚肉&ピーマンでビタミンたっぷり

## 豚薄切り肉 ＋ しめじ・ピーマン

**レンチンのコツ**
- 汁物は沸騰してきたら時間が早くても取り出す。

汁物

# 豚肉としめじのみそ汁

**味つけ**
液みそ……大さじ1

水120mlを注ぎ、液みそを加える。

**6分** レンチン

## ポークマリネ

**味つけ**
好きなドレッシング
……大さじ1

**4分**
レンチン

↓

ドレッシングを
加えて混ぜる。
※冷たくしてもおいしい。

 ## ポークチリご飯

**味つけ**
エビチリのもと……1人分

エビチリのもとを加える。
↓
**5分**
レンチン
↓
温かいご飯にかける。

## 02

Frozen Pack

中華におすすめの組み合わせ

# 豚ひき肉
# ＋
# ズッキーニ・春菊

メニュー例

**たんぱく質**

豚ひき肉　50g

**野菜**

ズッキーニ ⎤
春菊　　　⎦ 100g

### パックの作り方

| 豚ひき肉 | ラップに包む。 |
| --- | --- |
| ズッキーニ | 縦割りにし、幅1cmに切る。 |
| 春菊 | 4〜5cm長さに切る。 |

主食

汁物

おかず

| 中華におすすめの組み合わせ | レンチンのコツ |
|---|---|
| 豚ひき肉 + ズッキーニ・春菊 | ● ひき肉はレンチンする前にラップの上から砕く。<br>● 汁物は沸騰してきたら時間が早くても取り出す。 |

主食

## 中華おこわ風

**味つけ**
塩・こしょう……各少々
ガーリック(粉末)……少々
ごま油……大さじ1

コンビニおむすび1個を加える。
↓
**6分** レンチン
↓
調味料を加えて混ぜる。

032

 ズッキーニと春菊の中華スープ

**味つけ**
鶏がらスープのもと(顆粒)……小さじ1/4
しょうゆ……小さじ2
ごま油……小さじ1

水120mlを注ぎ、調味料を加える。

**6分**
レンチン

おかず 緑野菜のオイスターソース炒め

**味つけ**
オイスターソース……小さじ2
ごま油……小さじ1

**4分**
レンチン

軽く汁を切り、調味料を加えて混ぜる。

033

## 03 Frozen Pack

肉

### 豚肉のビタミンB₁で疲労回復

# 豚薄切り肉
# ＋
# グリーンピース・にんじん

メニュー例

主食

### たんぱく質
**豚薄切り肉　50g**

### 野菜
**グリーンピース（水煮）**
**にんじん**
　　　100g

汁物

#### パックの作り方

| | |
|---|---|
| 豚薄切り肉 | 3cm長さに切る。 |
| グリーンピース | 水を切る。 |
| にんじん | 1cm角に切る。 |

おかず

豚肉のビタミンB₁で疲労回復

## 豚薄切り肉 + グリーンピース・にんじん

**レンチンのコツ**
- 汁物は沸騰してきたら時間が早くても取り出す。

主食

# 豚丼

**味つけ**
めんつゆ（3倍濃縮）……大さじ1

**4分**
レンチン

↓

めんつゆを加え、
温かいご飯にのせる。

汁物

## 豚肉とグリーンピースのみそ汁

**味つけ**
液みそ……大さじ1

水120mlを注ぎ、
液みそを加える。
↓

**6分**
レンチン

おかず

## 豚肉とグリーンピースのめんつゆ煮

**味つけ**
めんつゆ（3倍濃縮）
……小さじ2

**4分**
レンチン
↓
めんつゆを加えて混ぜる。

Frozen Pack

## 若々しい人は食べている牛肉レシピ

# 牛薄切り肉
# ＋
# ブロッコリー・大根

牛薄切り肉

大根

ブロッコリー

メニュー例

主食

### たんぱく質
牛薄切り肉　50g

### 野菜
ブリッコリー ┐
　　　　　　│100g
大根　　　　┘

| パックの作り方 ||
|---|---|
| 牛薄切り肉 | 4～5cm長さに切る。 |
| ブロッコリー | 小房に分ける。 |
| 大根 | 1cm角×5cm長さに切る。 |

汁物

おかず

| 若々しい人は食べている牛肉レシピ | レンチンのコツ |
|---|---|
| 牛薄切り肉 ＋ ブロッコリー・大根 | ●汁物は沸騰してきたら時間が早くても取り出す。 |

主食

## ブランパンの低糖質サンド

味つけ
マヨネーズ……適量

**4分** レンチン → 軽く汁を切り、ブランパンに切り込みを入れて挟み、マヨネーズを絞る。

汁物

# 牛肉と大根の韓国スープ

**味つけ**
鶏がらスープのもと（顆粒）
……小さじ1/4
しょうゆ……小さじ2
ごま油……小さじ1

水120mlを注ぎ、調味料を加える。
↓

**6分**
レンチン

---

おかず

# チャプチェ

**味つけ**
ごま油……小さじ1
しょうゆ……小さじ1
一味唐辛子……適量

**4分**
レンチン
↓
軽く汁を切り、ごま油、しょうゆであえ、一味唐辛子をふる。

## 05 Frozen Pack

少しずつ余った野菜で彩りよく

# 牛肉
# ＋
# たまねぎ・にんじん・
# じゃがいも・さやいんげん

## メニュー例

おかず

**たんぱく質**
牛肉（焼肉用）　50g

**野菜**
たまねぎ
にんじん
じゃがいも　　100g
さやいんげん

おかず

### パックの作り方

| 牛肉 | 3cm角に切る。 |
| --- | --- |
| たまねぎ | くし形に切る。 |
| にんじん | 薄い輪切りにする。 |
| じゃがいも | 一口大に切る。 |
| さやいんげん | 3cm長さに切る。 |

汁物

少しずつ余った野菜で彩りよく

牛肉 + たまねぎ・にんじん・じゃがいも・さやいんげん

### レンチンのコツ

- 汁物は沸騰してきたら時間が早くても取り出す。
- 容器が小さいと吹きこぼれやすいのでラップはかけず1分長く加熱。

おかず

## ビーフシチュー

**味つけ**
ハヤシルウ（フレーク）
……大さじ1

水150mlを注ぎ、ルウを加える。
↓

**7分**
レンチン

## 牛肉のきんぴら

**味つけ**
ごま油……小さじ1
しょうゆ……小さじ1
砂糖……小さじ1

**4分**
レンチン

軽く汁を切り、ごま油、しょうゆ、砂糖を加えて混ぜる。

## 牛肉とじゃがいものポトフ

**味つけ**
ビーフコンソメ（顆粒）
　……小さじ1/4
塩・こしょう……各少々

水120mlを注ぎ、コンソメを加える。

**6分**
レンチン

## 06 Frozen Pack

市販の唐揚げを活用しても OK

# 鶏のから揚げ + グリーンピース・にんじん・マッシュルーム

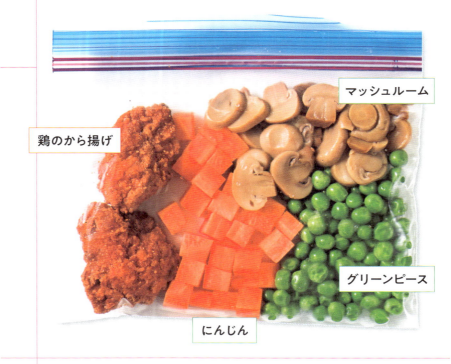

- マッシュルーム
- 鶏のから揚げ
- グリーンピース
- にんじん

メニュー例

### たんぱく質
鶏のから揚げ　50g

### 野菜
グリーンピース(水煮)　　　　　　　　　　　　　　　　　　　　　　　
にんじん　　　　　　100g
マッシュルーム(水煮)

#### パックの作り方

| 鶏のから揚げ | そのまま。 |
| グリーンピース | 水を切る。 |
| にんじん | 1cm角に切る |
| マッシュルーム | 水を切る。 |

| 市販の唐揚げを活用してもOK | レンチンのコツ |
|---|---|
| 鶏のから揚げ ＋<br>グリーンピース・にんじん・マッシュルーム | ●汁物は沸騰してきたら時間が早くても取り出す。 |

汁物

## 鶏のから揚げのタイ風スープ

**味つけ**
鶏がらスープのもと(顆粒)……小さじ1/4
ナンプラー……小さじ2
豆板醤……少々

水120mlを注ぎ、調味料を加える。 → **6分** レンチン

おかず

## チキン南蛮

**味つけ**
マヨネーズ……大さじ1
砂糖……小さじ1
タバスコ……少々

**3分**
レンチン

軽く汁を切り、
調味料を混ぜてかける。

 主食

## クロワッサンサンド

**味つけ**
粒マスタード……少々

**3分**
レンチン

軽く汁を切り、
クロワッサンに
切り込みを入れ、
粒マスタードを塗り、
挟む。

# 07

Frozen Pack

肉

### 使いやすい豚ひき肉は心強い味方

# 豚ひき肉
# ＋
# もやし・万能ねぎ

豚ひき肉

もやし

万能ねぎ

メニュー例

主食

### たんぱく質
**豚ひき肉** 50g

### 野菜
もやし  
万能ねぎ ] 100g

汁物

| パックの作り方 ||
| --- | --- |
| 豚ひき肉 | ラップに包む。 |
| もやし | そのまま。 |
| 万能ねぎ | 4cm長さに切る。 |

おかず

使いやすい豚ひき肉は心強い味方

## 豚ひき肉 ＋ もやし・万能ねぎ

**レンチンのコツ**
- ひき肉はレンチンする前にラップの上から砕く。
- 汁物は沸騰してきたら時間が早くても取り出す。

主食

# 肉もやし丼

**味つけ**
ポン酢しょうゆ……大さじ1
ごま油……小さじ1
ラー油……少々

**4分**
レンチン
↓
調味料を加えて混ぜて、
温かいご飯にのせ、
青じそ1枚をちぎってのせる。

汁物

## 豚ミンチともやしの中華スープ

**味つけ**
鶏がらスープのもと(顆粒)
　……小さじ1/4
しょうゆ……小さじ2
ごま油……小さじ1

水120mlを注ぎ、
調味料を加える。
↓

**6分**
レンチン

おかず

## もやしの肉みそ炒め

**味つけ**
ごま油……小さじ1
砂糖……小さじ1
液みそ……小さじ1
一味唐辛子……少々

**4分**
レンチン
↓
軽く汁を切り、調味料を
加えて混ぜる。

Frozen Pack

肉

## しいたけは冷凍でうま味も香りもUP
# 鶏こま切れ肉
# ＋
# 生しいたけ・かぼちゃ・
# 万能ねぎ

- 鶏こま切れ肉
- 生しいたけ
- かぼちゃ
- 万能ねぎ

メニュー例

おかず

### たんぱく質
鶏こま切れ肉　50g

### 野菜
生しいたけ  
かぼちゃ　　100g  
万能ねぎ

#### パックの作り方

| | |
|---|---|
| 鶏こま切れ肉 | そのまま。 |
| 生しいたけ | 軸を落とし、薄切りにする。 |
| かぼちゃ | 幅1cmのイチョウ切りにする。 |
| 万能ねぎ | 3cm長さに切る。 |

汁物

主食

### しいたけは冷凍でうま味も香りもUP

鶏こま切れ肉 +
生しいたけ・かぼちゃ・万能ねぎ

### レンチンのコツ

- 汁物は沸騰してきたら時間が早くても取り出す。

おかず

# 変わり筑前煮

**味つけ**
めんつゆ（3倍濃縮）……大さじ1

めんつゆを加える。
↓
**4分**
レンチン

汁物

## 鶏とかぼちゃのみそ汁

**味つけ**
液みそ……大さじ1

水120mlを注ぎ、
液みそを加える。
↓
**6分**
レンチン

---

 主食

## チキンカレー

**味つけ**
カレールウ（フレーク）
……大さじ1

水100mlを注ぎ、
ルウを加える。
↓
**6分**
レンチン
↓
温かいご飯にかける。

肉

## 家計にやさしい鶏ひき肉のセット

# 鶏ひき肉
# ＋
# こんにゃく・ごぼう・
# にんじん

鶏ひき肉

ごぼう

にんじん

こんにゃく

## メニュー例

おかず

**たんぱく質**
鶏ひき肉　50g

**野菜**
こんにゃく（白）　┐
ごぼう　　　　　　├ 100g
にんじん　　　　　┘

汁物

### パックの作り方

| 鶏ひき肉 | ラップに包む。 |
| こんにゃく | 1cm角×4cm長さに切り、さっとゆでる。 |
| ごぼう | ささがきにし、水にさらす。 |
| にんじん | ささがきにする。 |

主食

| 家計にやさしい鶏ひき肉のセット | レンチンのコツ |
|---|---|
| 鶏ひき肉 + こんにゃく・ごぼう・にんじん | ●ひき肉はレンチンする前にラップの上から砕く。<br>●汁物は沸騰してきたら時間が早くても取り出す。 |

おかず

# 根菜のお好み焼きソース炒め

**味つけ**
オリーブオイル……小さじ1
お好み焼きソース……適量

**4分** レンチン

→ 軽く汁を切り、オリーブオイルであえて、お好み焼きソースをかける。

汁物

## 鶏ひき肉とこんにゃく、ごぼうのさつま汁

**味つけ**
液みそ……大さじ1

水120mlを注ぎ、
液みそを加える。

**6分**
レンチン

主食

## かさ増しカレーめし

**味つけ**
カップライスの調味料

**4分**
レンチン

カップライスを作って、
加えて混ぜる。
万能ねぎの
小口切り少々をのせる。

## 10

Frozen Pack

**コンビニのサラダチキンで手軽に一品**

# サラダチキン
# ＋
# 豆もやし・小松菜

サラダチキン

豆もやし

小松菜

メニュー例

おかず

**たんぱく質**

サラダチキン 50g

**野菜**

豆もやし ┐
　　　　│ 100g
小松菜　 ┘

### パックの作り方

| サラダチキン | ほぐす。 |
| 豆もやし | そのまま。 |
| 小松菜 | 幅4cmのざく切りにする。 |

主食

汁物

| コンビニのサラダチキンで手軽に一品 | レンチンのコツ |
|---|---|
| サラダチキン + 豆もやし・小松菜 | ●汁物は沸騰してきたら時間が早くても取り出す。 |

## 鶏のちゃんちゃん焼き

**味つけ**
液みそ……小さじ2

**3分**
レンチン

↓
液みそをかける。

主食 **チキンカスクート**

味つけ
粒マスタード……小さじ1

**3分**
レンチン

↓

軽く汁を切り、10cm長さのバゲットに切り込みを入れ、粒マスタードを塗って挟む。

---

汁物 **サラダチキンと
もやしの洋風スープ**

味つけ
チキンコンソメ（顆粒）
　……小さじ1/4
塩、こしょう……各少々

水120mlを注ぎ、
調味料を加える。
↓

**6分**
レンチン

column 1

# 体に必要な栄養素を
# 無理なく、賢くとる

## 食べるのは、
## 命の流れを止めないため

　私たちの体の中には、絶え間のない合成と分
解のサイクルが流れ続けています。食べている
からこそ、ケガをしても傷が治り、活性酸素や
有害物質によって変化を受けても修復され、病
気になっても回復できるのです。生きていると
いう流れを止めないために、私たちは食べ続け
なければなりません。

　とはいえ、食べられる量には限界があります。
食べ方の工夫で、必要な栄養素を賢くとること
がとても大切です。いつまでも元気でピンピン
と暮らすために、心がけたいのは次のような食
生活です。

　１．たんぱく質食材を毎食100gとる
　２．野菜を１日350gとる
　３．１日３度、ご飯は茶わん１杯（150g）
　　　ずつ食べる
　４．乳製品を、牛乳なら１日１カップとる

## シニア世代にこそ
## たんぱく質が必要です

　たんぱく質は、骨、筋肉、皮膚、内臓、血液、爪、髪の毛など、私たちの体を作る元になる栄養素です。肉や魚、卵はもちろんのこと、ご飯やパン、豆腐や納豆、ヨーグルトにも含まれています。

　シニア世代には、「若い人とは違うから、肉や魚はそれほど必要ない」と思っている方も多いかもしれませんね。しかし年齢を重ねた人ほど、意識してたんぱく質をとる必要があります。たんぱく質の摂取量が少ない女性には虚弱体質の人が多いということも、研究によりわかっています。

　成人女性が1日にとりたいたんぱく質の量は、たとえばこんな感じです。

- 卵　　1個
- 鶏ムネ肉　　100g
- 青魚　70g
- 豆腐　100g
- 納豆　1パック

　大切なのは、一度にドカ食いで摂取するのではなく、「3食でバランスよくとる」こと。糖質

や脂質に比べ、たんぱく質は体内にためられる量が少ないので、消化しきれなかった分は尿として排出されたり、脂肪に変わってしまうこともあるからです。

筋肉を増やすためには、食事の工夫だけでなく運動も大切です。私はテレビの前に大きなトランポリンを置いて、10分以上跳ぶ、そして1日1万歩歩くのを日課にしています。おかげで、多忙を極める日々でも「ひざや腰が痛い」などということはなく、毎日ピンピンと元気に動き回っています。

## 野菜を食べて、活性酸素を減らす

自動車はガソリン燃料で走り、排気ガスを出します。同じように、人間もエネルギー代謝を繰り返し、活性酸素を作り出します。活性酸素が体内に溜まると、遺伝子を傷つけて発がんの引き金になったり、糖尿病・高血圧・高脂血症・脳卒中・心筋梗塞などの生活習慣病を引き起こす原因になります。

それを防ぐために欠かせないのが、野菜の健康パワー、「ファイトケミカル」です。

ファイトケミカルは、植物が外敵や紫外線から身を守るために作り出した、天然の機能成分。

人間が自力では作り出せないものです。

　野菜や果物を積極的にとることで、体には次のような効果があります。

1. 抗酸化作用
2. 免疫を整える作用
3. デトックス作用
4. がん抑制作用
5. 血液サラサラ作用
6. アンチエイジング作用
7. ダイエット作用
8. ストレス緩和作用

　1日に必要な野菜の量は約350gですが、次のような割合でとれると理想的です。
●淡色野菜　200g（大根、白菜、キャベツ、ねぎ、たまねぎ、なす、きゅうりなど）
●緑黄色野菜　100g（トマト、にんじん、ピーマン、青菜など）
●いも　50g

　必要な栄養素を、無理なく賢く、そして楽しくとるために、どうぞ「凍ったますぐ使える1人分冷凍パック」を活用してください。ちゃんと食べて生きれば、100歳まで元気でいられます。

## 11

Frozen Pack

アサリのうま味が野菜にしみて◎

# アサリ
# ＋
# 小松菜・にんじん

メニュー例

おかず

### たんぱく質
**アサリ**(殻付き) 100g

### 野菜
**小松菜**　┐
　　　　　　│ 100g
**にんじん**┘

| パックの作り方 ||
|---|---|
| アサリ | 砂を吐かせる。 |
| 小松菜 | 4〜5cm長さに切る。 |
| にんじん | せん切りにする。 |

汁物

主食

あさりのうま味が野菜にしみて◎

## アサリ + 小松菜・にんじん

**レンチンのコツ**

● 汁物は沸騰してきたら時間が早くても取り出す。

おかず

## アサリのチーズ焼き

**味つけ**
生クリーム……大さじ2
ピザ用チーズ……適量

**4分** レンチン
→ 生クリームを加え、チーズをのせ、オーブントースターでチーズが溶けるまで焼く。

 ## 野菜たっぷり貝汁

味つけ
**液みそ……大さじ1**

水120mlを注ぎ、
液みそを加える。
↓

**6分**
レンチン

 ## ボンゴレパスタ

味つけ
**汁なしカップ麺の調味料**

**4分**
レンチン
↓

汁なしカップ麺を作って、
加えて混ぜる。

## 12 Frozen Pack

魚

### DHAが豊富なサバ缶で血流よく

# サバ缶 + かぼちゃ・キャベツ

メニュー例

おかず

### たんぱく質
サバ缶　　50g

### 野菜
かぼちゃ ┐
　　　　 │ 100g
キャベツ ┘

---

**パックの作り方**

| | |
|---|---|
| サバ缶 | そのまま。 |
| かぼちゃ | 幅1cmのイチョウ切りにする。 |
| キャベツ | 一口大にちぎる。 |

汁物

おかず

DHAが豊富なサバ缶で血流よく

サバ缶 + かぼちゃ・キャベツ

### レンチンのコツ

- 汁物は沸騰してきたら時間が早くても取り出す。

おかず

## サバのみそ煮

**味つけ**
液みそ……大さじ1
砂糖……大さじ1

**4分** レンチン → サバに調味料を加えて混ぜる。

## サバ缶とかぼちゃのみそ汁

**味つけ**
液みそ……大さじ1

水120mlを注ぎ、
液みそを加える。
↓
**6分**
レンチン

## ベトナム風サラダ

**味つけ**
バターピーナッツ
（粗みじん切り）
……5〜6粒分
ラー油…少々

**4分**
レンチン
↓
軽く汁を切り、
バターピーナツと
万能ねぎの小口切り少々を
のせ、ラー油をかける。

## 13 Frozen Pack

みそ汁や雑炊に使えて便利なセット

# 鮭
# ＋
# じゃがいも・チンゲンサイ

魚

鮭

じゃがいも　チンゲンサイ

メニュー例

### たんぱく質
鮭(甘塩)　50g

### 野菜
じゃがいも ⎤
チンゲンサイ ⎦ 100g

#### パックの作り方

| 鮭 | 一口大に切る。 |
| --- | --- |
| じゃがいも | 1cm角に切る。 |
| チンゲンサイ | 4〜5cm長さに切る。根元は十字に割る。 |

おかず

汁物

主食

| みそ汁や雑炊に使えて便利なセット | レンチンのコツ |
|---|---|
| **鮭 + じゃがいも・チンゲンサイ** | ●汁物は沸騰してきたら時間が早くても取り出す。 |

おかず

## 鮭とチンゲンサイのごまあえ

**味つけ**
ごまだれ……大さじ1

**4分** レンチン → 軽く汁を切って、ごまだれをかける。

 **汁物** ## 鮭とじゃがいものみそ汁

**味つけ**
液みそ……大さじ1

水120mlを注ぎ、
液みそを加える。
↓
**6分**
レンチン

---

 **主食** ## 鮭雑炊

コンビニおにぎり1個、
水200mlを加える。
↓
**8分**
レンチン
↓
溶き卵1個分を加え、
ふたをして1分蒸らす。

## 14 Frozen Pack

### こんにゃくをプラスしてカロリーダウン

# ツナ
# ＋
# 里いも・
# こんにゃく・長ねぎ

メニュー例

### たんぱく質
ツナ（缶）　50g

### 野菜
里いも ⎫
こんにゃく ⎬ 100g
長ねぎ ⎭

| パックの作り方 |  |
|---|---|
| ツナ | そのまま。 |
| 里いも | 皮をむいて幅1cmの輪切りにする。 |
| こんにゃく | 小さじでかき取り、さっとゆでる。 |
| 長ねぎ | せん切りにする。 |

こんにゃくをプラスしてカロリーダウン

## ツナ + 里いも・こんにゃく・長ねぎ

**レンチンのコツ**
- 汁物は沸騰してきたら時間が早くても取り出す。
- 容器が小さいと吹きこぼれやすいのでラップはかけず1分長く加熱。

おかず

# 石狩ひとり鍋

**味つけ**
めんつゆ（3倍濃縮）
……大さじ2

水150mlと
めんつゆを加える。
↓

**6分**
レンチン

 おかず

## ツナと里いもの しぎ焼き風

**味つけ**
液みそ……小さじ２
砂糖……小さじ１

**4分**
レンチン

軽く汁を切り、調味料を合わせてかける。

---

 汁物

## ツナと里いもの みそ汁

**味つけ**
液みそ……大さじ１

水120mlを注ぎ、液みそを加える。

**6分**
レンチン

## 15 Frozen Pack

### 水煮のアサリなら1年中使える

# アサリ
# ＋
# オクラ・トマト・なす

メニュー例

### たんぱく質
**アサリ**（水煮） 50g

### 野菜
**オクラ**　　 ┐
**トマト**　　 ├ 100g
**なす**　　　 ┘

#### パックの作り方

| アサリ | 水を切る。 |
| --- | --- |
| オクラ | へたを落とし、小口切りにする。 |
| トマト | 乱切りにする。 |
| なす | |

| 水煮のアサリなら1年中使える | レンチンのコツ |
|---|---|
| **アサリ + オクラ・トマト・なす** | ●汁物は沸騰してきたら時間が早くても取り出す。 |

汁物

# アサリとオクラのミネストローネ

**味つけ**
チキンコンソメ（顆粒）
　……小さじ1/4
塩、こしょう……各少々
ケチャップ……大さじ1

水120mlを注ぎ、コンソメと塩、こしょうを加える。

→ **6分** レンチン →

ケチャップを混ぜ、パセリのみじん切り適量をふる。

おかず

## アサリのホットサラダ

味つけ
オリーブオイル……小さじ2
酢……小さじ1½
塩、こしょう……各少々

**4分**
レンチン

↓

調味料を加えて混ぜる。

---

 主食

## 深川めし

味つけ
白だし……大さじ1

白だしを加える。
↓

**4分**
レンチン

↓

温かいご飯にのせ、
湯100mlを注ぐ。

## 16 Frozen Pack

魚

パクチーをプラスして食卓に変化を

## えび
## ＋
## 長ねぎ・パクチー

えび / パクチー / 長ねぎ

メニュー例

### たんぱく質
えび（無頭）　70g

### 野菜
長ねぎ ⎫
パクチー ⎭ 100g

#### パックの作り方

| | |
|---|---|
| えび | 殻に切り込みを入れ、背わたを除く。足ははさみで切り落とす。 |
| 長ねぎ | 細切りにする。 |
| パクチー | 4cm長さに切る。 |

パクチーをプラスして食卓に変化を

## えび + 長ねぎ・パクチー

**レンチンのコツ**
- 汁物は沸騰してきたら時間が早くても取り出す。

汁物

# えびとパクチーのタイ風スープ

**味つけ**
鶏がらスープのもと（顆粒）……小さじ1/4
ナンプラー……小さじ1/2
ごま油……小さじ1

水120mlを注ぎ、調味料を加える → **6分** レンチン

おかず

## えびとパクチーの ナンプラーあえ

**味つけ**
ラー油……小さじ1
ナンプラー……小さじ1
砂糖……小さじ1/2

**4分**
レンチン

軽く汁を切り、
調味料を加えてあえる。

 主食

## えびとパクチーの 焼きビーフン

焼きビーフンを砕いて加え、
水150mlを注ぐ。

**6分**
レンチン

column 2

# 「一汁」または「一菜」の
# どちらかで十分です

## ふだんの食卓に
## たくさんのおかずは必要ない

「毎日献立を考えるのがおっくう」という話を
よく聞きます。

「おかずは必ず2種類以上作らなくてはいけ
ない」と思い込んでいる人が多いのではないで
しょうか。お正月や家族の誕生日でもない限り、
ふだんの家庭の食卓に、たくさんのおかずを並
べる必要はありません。

和食の基本は「一汁三菜」と言われ、ご飯、汁
物以外に、メインのおかずと副菜が2品の献立
がスタンダードとされてきました。しかし今は
変わってきました。ご飯と野菜たっぷりの汁物
におかずが一品だけの「一汁一菜」が、家庭の和
食の定義。たんぱく質と野菜をバランスよく取
り入れた献立は、十分に可能です。

その考え方をさらに進化させたのが、この「冷
凍パック」です。「一汁一菜」どころか、「一汁」も
しくは「一菜」だけでも必要な栄養がとれます。
調理の方法次第で、満足感のある食事になります。

## ワンパターンの献立でも
## 悪くないと考える

「同じおかずが続いてはいけない」とか、「たまには変わったメニューも入れなければ」という考えは、忙しいあなたを縛るだけ。頑張りすぎると、台所仕事が嫌になってしまいます。大切なのは、体にエネルギー源を送ること。

忙しい朝の食事は、ワンパターンで十分。1日をスタートするのに必要なエネルギーを空っぽの胃に送り込むと、ブドウ糖が頭を働かせ、活気のあるスタートがきれます。

私の朝食はこんなふうです。

- 目覚めのミルクティー
- ご飯
- 汁物（「冷凍パック」を利用して）
- 卵（レンチン温泉卵）
- 納豆

　たまにパンもいただきますが、みそ汁は毎朝いただきます。「にんたまジャム®」（たまねぎににんにくを加えて煮詰めたジャム）はミルクティーに入れます。これくらいシンプルで十分だと思っています。

## 主食は冷凍庫に常備しておくと安心

　人間の体を作るために必要な20種類のアミノ酸のうち、体で合成できないものを「必須アミノ酸」といいます。米とみそを両方食べることで、必須アミノ酸を効率よくとることができます。だから昔の日本人は、ご飯とみそ汁だけで元気に働くことができたのです。
　一人暮らしの方は、「ご飯を炊くのさえおっくうで……」というときもあるでしょう。そんなときのために、ご飯を冷凍して常備しておくことをおすすめします。

私は3日に1回ほど、ご飯3合（発芽玄米）をまとめて炊きます。炊けたら熱いうちにフタつきの耐熱容器に1食ずつ詰めて、冷ましてから冷凍庫へ。湯気も一緒に閉じ込めると、レンチンしたときふっくらと仕上がります。

　炊いたご飯だけではありません。お弁当を買ってきて食べたとき、ご飯が多すぎるなと思ったら、半分取り分けてすばやく冷凍。ゆでて余ったスパゲティーも冷凍キープ。後で助かります。

　食パンやバゲット、冷凍うどんやそばなども常備。冷凍庫に何か主食が入っていれば、「面倒だから、今日はお菓子ですませよう」ということもなくてすみます。

　3食を決まった時間に食べる、「時間栄養」という考え方があると、太ることもなくなります。

# 17

Frozen Pack

## 大豆イソフラボンで骨粗しょう症予防

## 大豆
## ＋
## しめじ・れんこん・万能ねぎ

大豆製品

大豆 / 長ねぎ / れんこん / しめじ

メニュー例

主食

### たんぱく質
大豆(水煮)　50g

### 野菜
しめじ  
れんこん  ] 100g  
万能ねぎ  

汁物

| パックの作り方 ||
|---|---|
| 大豆 | 水を切る。 |
| しめじ | 石突きを落とし、ほぐす。 |
| れんこん | イチョウ切りにする。 |
| 万能ねぎ | 小口切りにする。 |

おかず

| 大豆イソフラボンで骨粗しょう症予防 | レンチンのコツ |
|---|---|
| 大豆 + しめじ・れんこん・万能ねぎ | ●汁物は沸騰してきたら時間が早くても取り出す。 |

主食

## 和風ハンバーガー

**味つけ**
マヨネーズ……小さじ2
バター……小さじ1

**4分**
レンチン

大豆はスプーンでつぶし、マヨネーズを加えて混ぜる。バンズを横半分に切って、バターを塗り、ベビーリーフ適量と一緒にのせる。

汁物

## 大豆としめじの韓国スープ

**味つけ**
鶏がらスープのもと（顆粒）
　……小さじ1/4
しょうゆ……小さじ2
赤唐辛子（みじん切り）、
　ラー油……各適量

水120mlを注ぎ、スープのもと、しょうゆを加える。

↓

**6分** レンチン → 赤唐辛子をふり、ラー油をかける。

---

 おかず

## 大豆なます

**味つけ**
酢……小さじ2
砂糖……小さじ2
塩……少々

**4分** レンチン

軽く汁を切り、調味料を加えて混ぜる。

## 18

Frozen Pack

### 大根の葉でおいしく倹約レシピ

# 油揚げ
# ＋
# 大根葉・たまねぎ

大豆製品

油揚げ

たまねぎ　　　　大根葉

## メニュー例

おかず

### たんぱく質
**油揚げ** 40g（1枚）

### 野菜
**大根葉**
**たまねぎ** } 100g

---

### パックの作り方

| 油揚げ | 8等分に切る。 |
| --- | --- |
| 大根葉 | 小口切りにする。 |
| たまねぎ | くし形に切り、さらに半分に切る。 |

汁物

主食

大根の葉でおいしく倹約レシピ

## 油揚げ ＋ 大根葉・たまねぎ

レンチンのコツ

● 汁物は沸騰してきたら時間が早くても取り出す。

おかず

# 油揚げと野菜のほたほた煮

**味つけ**
砂糖……大さじ1
しょうゆ……小さじ1

水大さじ2と調味料を加える。 → **4分** レンチン

 ## 油揚げと大根葉のみそ汁

**味つけ**
液みそ……大さじ1

水120mlを注ぎ、
液みそを加える。
↓
**6分**
レンチン

 ## 他人丼

**味つけ**
砂糖……大さじ1
しょうゆ……大さじ1

水大さじ2と
調味料を加える。
↓
**4分**
レンチン
↓
溶き卵1個分を加え、
30秒レンチン。
温かいご飯にのせる。

# 19

Frozen Pack

## 冷凍した豆腐の食感を楽しんで

## 豆腐 + ブロッコリー・大根

メニュー例

<u>たんぱく質</u>
豆腐　60g

<u>野菜</u>
ブロッコリー ┐
　　　　　　│ 100g
大根　　　　┘

### パックの作り方

| 豆腐 | 1.5〜2cm角に切る。 |
| ブロッコリー | 小房に分ける。 |
| 大根 | 幅5mmのイチョウ切りにする。 |

| 冷凍した豆腐の食感を楽しんで | レンチンのコツ |
|---|---|
| 豆腐 + ブロッコリー・大根 | ● 汁物は沸騰してきたら時間が早くても取り出す。 |

おかず

# 麻婆豆腐

**味つけ**
麻婆豆腐のもと……1人分

麻婆豆腐のもとを加える。
↓
**4分**
レンチン

## いり豆腐

**味つけ**
ごまだれ……大さじ1
ごま油……小さじ1
塩……少々

**4分**
レンチン

汁を切り、豆腐をつぶし、調味料を加えて混ぜる。

## 豆腐とブロッコリーのみそ汁

**味つけ**
液みそ……大さじ1

水120mlを注ぎ、液みそを加える。

**6分**
レンチン

## 20 Frozen Pack

意外に洋食にもアレンジできる

# 豆腐
# ＋
# 春菊・にんじん

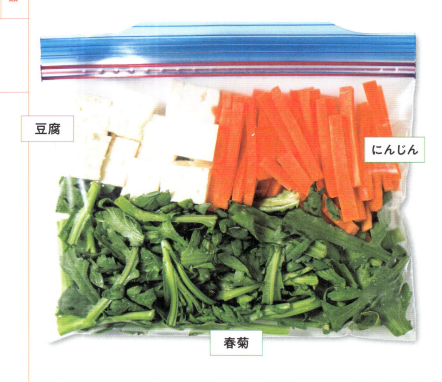

メニュー例

汁物

### たんぱく質
豆腐　60g

### 野菜
春菊  
にんじん ] 100g

| パックの作り方 |  |
|---|---|
| 豆腐 | 1.5〜2cm角に切る。 |
| 春菊 | 3cm長さに切る。 |
| にんじん | 5cm長さの細切りにする。 |

主食

おかず

| 意外に洋食にもアレンジできる | レンチンのコツ |
|---|---|
| **豆腐 ＋ 春菊・にんじん** | ●汁物は沸騰してきたら時間が早くても取り出す。 |

[汁物]

# 豆腐と春菊のクリームスープ

**味つけ**
チキンコンソメ（顆粒）……小さじ1/4
塩、こしょう……各少々
コーヒー用クリーム…小2個

水120mlを注ぎ、コンソメと塩、こしょうを加える。 → **4分** レンチン → コーヒー用クリームをかける。

 # 冷や汁

**味つけ**
液みそ……大さじ1

**4分**
レンチン

↓

氷1/2カップ、
液みそを加えて混ぜ、
温かいご飯にかける。
白いりごま少々をふる。

 # あんかけ豆腐

**味つけ**
しょうゆ……小さじ1
みりん……小さじ1
片栗粉……小さじ1/2

水大さじ2と
調味料を合わせてかける。

↓

**5分**
レンチン

## 21 Frozen Pack

### 納豆もたくさん買ったら冷凍保存

# 納豆
# ＋
# 大根・長ねぎ

大豆製品

メニュー例

主食

**たんぱく質**

納豆　　35 g（1パック）

**野菜**

大根  
長ねぎ ] 100 g

汁物

### パックの作り方

| 納豆 | そのまま。 |
| --- | --- |
| 大根 | 長めの乱切りにする。 |
| 長ねぎ | 斜め薄切りにする。 |

おかず

| 納豆もたくさん買ったら冷凍保存 | レンチンのコツ |
|---|---|
| 納豆 + 大根・長ねぎ | ●汁物は沸騰してきたら時間が早くても取り出す。 |

## ねばっこ餅

**味つけ**
しょうゆ……少々

切り餅1個を加える。
↓
**4分** レンチン
↓
しょうゆをかける。

 ## 納豆と大根のみそ汁

**味つけ**
液みそ……大さじ1

水120mlを注ぎ、
液みそを加える。
↓
**6分**
レンチン

 ## 大根の納豆あえ

**味つけ**
ポン酢しょうゆ
　……小さじ1～2

**3分**
レンチン
↓
軽く汁を切り、
ポン酢しょうゆをかけて
混ぜる。

## 22 Frozen Pack

### 油揚げはボリュームアップに一役
# 油揚げ
# ＋
# キャベツ・わかめ

大豆製品

わかめ　油揚げ　キャベツ

メニュー例

### たんぱく質
**油揚げ** 40g（1枚）

### 野菜
**キャベツ**  
**わかめ** ] 100g

おかず

主食

汁物

---

#### パックの作り方

| | |
|---|---|
| 油揚げ | 細切りにする。 |
| キャベツ | 3〜4cm角に切る。 |
| わかめ | 戻して一口大に切る。 |

油揚げはボリュームアップに一役

## 油揚げ + キャベツ・わかめ

### レンチンのコツ
- 汁物は沸騰してきたら時間が早くても取り出す。
- 容器が小さいと吹きこぼれやすいのでラップはかけず１分長く加熱。

おかず

# 油揚げとキャベツのごまみそあえ

**味つけ**
ごまだれ……小さじ１
液みそ……小さじ１

**３分** レンチン → 軽く汁を切り、調味料を加えて混ぜる。

 主食

## きつねうどん

**味つけ**
白だし……大さじ2
七味唐辛子……適量

水150mlと白だし、
冷凍うどん1パックを
加える。
↓
**10分**
レンチン
↓
七味唐辛子をふる。

 汁物

## 油揚げと
## キャベツの
## みそ汁

**味つけ**
液みそ……大さじ1

水120mlを注ぎ、
液みそを加える。
↓
**6分**
レンチン

column 3

# 「シンプルキッチン」で
# 楽しく健康管理

## コンパクトなキッチンは
## 負担が少ない

食事の準備は、調理だけではありません。食材を購入し、保管し、無駄なく繰り回し、そのために頭を使います。食べた後には片づけがあります。健康な体を維持するためには、生命の流れを止めないことが大切です。食べることは毎日のことです。負担は軽いほどいいと思います。

私が心がけているのは「シンプルキッチン」。

シンプルキッチンは、見えるところに収納されているキッチンのこと。調理しながら手を伸ばせば届くところに、必要なものがあるキッチンのことです。

「料理研究家のキッチンは、さぞかし広くて食器も道具もたくさん揃っているんだろう」と思われるかもしれません。それはキッチンスタジオの話です。ムラカミの台所はコンパクトです。一人暮らしの食卓は、「カンタン・手抜きでいい」「必ず食べる」が大切と考えます。

コンロは、100ＶのIHクッキングヒーターが

1台だけ。調理台はセミオーダーしました。システムキッチンのカウンターを一部切ってもらいました。

一人暮らしはさほど食器を使いませんので、水切りカゴは置いていません。まな板の上にタオルを敷いて、洗った食器を伏せていきます。カゴがないと、キッチン台を広く使うことができます。

## 見えるところに収納すれば探しものが減る

シンプルキッチンのポイントは、「オープン収納」です。何があるかひと目でわかり、手を伸ばせばワンアクションで欲しいものが取れます。いちいち扉を開け閉めする必要がありません。

私は、キッチンツールや調味料類を、キャスターつきのステンレス製ワゴンに収納しています。料理するときはサッと引き寄せて使います。

　冷蔵庫だけは、従来の大きいサイズのものを使っています。そこに肉や魚、野菜のほかに、乾物や缶詰、米、お酒などもすべて収納するからです。食材すべてがここにあるので、献立作りも早いです。

　私は、栓抜きや鍋敷きなど、調理に使う小物も冷蔵庫に入れています。ワインのビンと栓抜きを一緒に出すことができ、便利です。

## おひとりさまなら<br>食器や鍋は2個ずつで足りる

　食器は、「各2個」が基本です。友だちが来たときにも、バラバラの食器でおもてなし。色とりどりで楽しい食卓になります。

　食器棚は置かず、壁に幅の違う板を2枚打ちつけて、食器を並べています。調理台から手を伸ばせば届く位置にあるので、便利。壁に2枚飾っている大皿も、必要なときは外して洗って使います。

　鍋やフライパンも、現在は大小2個ずつです。揚げものや鍋ものをするときも、フライパンで十分代用できます。

## 電子レンジは
## シンプルキッチンの強い味方

　シンプルキッチンで上手に活用してほしいのが、電子レンジです。

　「コンロがたった1台では不便ではありませんか?」と言われます。でも電子レンジをうまく使えば、困りません。電子レンジでご飯を温め、コンロで煮物を作り、下のトースターで魚を焼きます。

　耐熱容器1つあれば調理ができるので、後片づけもラク。鍋やフライパンの数を減らすことができます。

　電子レンジは、食材自体の水分で調理するので油を減らし、栄養分が残ります。調理時間が短くできる、火を使わないので安全などいいことづくしです。

## 23 Frozen Pack

余ったかまぼこは迷わずすぐ冷凍

# かまぼこ
# ＋
# もやし・万能ねぎ

加工品など

もやし / かまぼこ / 万能ねぎ

メニュー例

汁物

### たんぱく質
かまぼこ　50g

### 野菜
もやし ┐
　　　 │ 100g
万能ねぎ ┘

| パックの作り方 ||
|---|---|
| かまぼこ | 薄切りにする。 |
| もやし | そのまま。 |
| 万能ねぎ | 細切りにする。 |

おかず

主食

| 余ったかまぼこは迷わずすぐ冷凍 | レンチンのコツ |
|---|---|
| かまぼこ ＋ もやし・万能ねぎ | ●汁物は沸騰してきたら時間が早くても取り出す。 |

汁物

# かまぼこともやしの中華スープ

**味つけ**
鶏がらスープのもと(顆粒)…小さじ1/4
しょうゆ……小さじ2
ごま油……小さじ1
こしょう……少々

水120mlを注ぎ、調味料を加える。 → **6分** レンチン → こしょうをふる。

 おかず

## かまぼこともやしの酢みそあえ

**味つけ**
液みそ……小さじ1
砂糖……小さじ1
酢……小さじ1

**4分**
レンチン
↓
軽く汁を切り、
調味料を合わせてかける。

 主食

## 長崎ちゃんぽん風

**味つけ**
**カップ麺の調味料**

**4分**
レンチン
↓
カップ麺（ちゃんぽん）を
作り、のせる。

## 24 Frozen Pack

### 夏野菜の組み合わせで爽やかに
# ウインナーソーセージ
# ＋
# なす・きゅうり・プチトマト

加工品など

メニュー例

おかず

### たんぱく質
ウインナーソーセージ　50g

### 野菜
なす  
きゅうり　100g  
プチトマト

主食

#### パックの作り方

| | |
|---|---|
| ソーセージ | 幅1cmの斜め切りにする。 |
| なす | 幅1cmの輪切りにする。 |
| きゅうり | |
| プチトマト | へたを取る。 |

汁物

| 夏野菜の組み合わせで爽やかに | レンチンのコツ |
|---|---|
| ウインナーソーセージ ＋<br>なす・きゅうり・プチトマト | ●リゾット、汁物は沸騰してきたら時間が早くても取り出す。 |

おかず

## ウインナーのオイスターソース炒め

**味つけ**
オイスターソース……小さじ1
ごま油……小さじ1

**4分** レンチン → 軽く汁を切り、調味料を合わせてかける。

 主食

## ウインナーの リゾット

**味つけ**
粉チーズ……適量

コンビニのおむすび1個を
加え、水150mlを注ぐ。
↓

**8分**
レンチン
↓
粉チーズをふる。

 汁物

## ウインナーと 夏野菜のスープ

**味つけ**
チキンコンソメ（顆粒）
　……小さじ1/4
塩、こしょう……各少々

水120mlを注ぎ、
調味料を加える。
↓

**6分**
レンチン

133

# 25

Frozen Pack

## 高たんぱく・低脂質のカニかまを利用

## カニ風味かまぼこ ＋ コーン・たまねぎ・ピーマン

加工品など

コーン / カニ風味かまぼこ / ピーマン / たまねぎ

メニュー例

### たんぱく質
## カニ風味かまぼこ　50g

### 野菜
コーン（水煮） ⎤
たまねぎ　　　｜ 100g
ピーマン　　　⎦

おかず

| パックの作り方 |||
|---|---|---|
| カニかま | | 1.5cm長さに切る。 |
| コーン | | 水を切る。 |
| たまねぎ | ⎤ | 1〜1.5cm角に切る。 |
| ピーマン | ⎦ | |

汁物

主食

| 高たんぱく・低脂質のカニかまを利用 | レンチンのコツ |
|---|---|
| カニ風味かまぼこ ＋<br>コーン・たまねぎ・ピーマン | ●汁物は沸騰してきたら時間が早くても取り出す。 |

おかず

## カニかまマヨサラダ

味つけ
マヨネーズ……大さじ1

**4分**
レンチン

↓

軽く汁を切り、
マヨネーズであえる。

 ## カニかまと コーンのスープ

**味つけ**

チキンコンソメ（顆粒）
　……小さじ1/4
塩、こしょう……各少々

水120mlを注ぎ、
調味料を加える。
↓

**6分**
レンチン

 ## カラフル焼きそば

**味つけ**

**カップ焼きそばの調味料**

**4分**
レンチン
↓
カップ焼きそばを作り、
混ぜ合わせる。

## 26 Frozen Pack

### スープにもおかずにも使いやすい

# ベーコン
# ＋
# キャベツ・ピーマン・にんじん

メニュー例

おかず

### たんぱく質
ベーコン　50g

### 野菜
キャベツ ⎤
ピーマン ｜ 100g
にんじん ⎦

汁物

| パックの作り方 |
| --- |

| ベーコン | 幅3cmに切る。 |
| --- | --- |
| キャベツ ⎤<br>ピーマン ｜<br>にんじん ⎦ | 1.5〜2cm角に切る。 |

主食

| スープにもおかずにも使いやすい | レンチンのコツ |
|---|---|
| ベーコン ＋ キャベツ・ピーマン・にんじん | ●汁物は沸騰してきたら時間が早くても取り出す。 |

おかず

# ベーコン野菜のレタス包み

味つけ
液みそ……小さじ2
食べるラー油……少々

**4分** レンチン →

軽く汁を切り、
液みそであえる。
ちぎったレタスにのせ、
食べるラー油をかける。

 ## ベーコンとキャベツのスープ

**味つけ**
チキンコンソメ（顆粒）
……小さじ1/4
塩・こしょう……各少々

水120mlを注ぎ、
チキンコンソメと塩を加える。
↓

**6分**
レンチン
↓
こしょうをふる。

## かんたんドリア

**味つけ**
バター……大さじ1
ピザ用チーズ……25g
粉チーズ……少々

**4分**
レンチン
↓
温かいご飯茶わん1杯分と
バターを加えて混ぜる。
ピザ用チーズをかけ、
粉チーズをふって、
1分レンチン。

## 27 Frozen Pack

### 大きなソーセージで満足感アップ

# フランクフルトソーセージ
# ＋
# たまねぎ・クリームコーン・パセリ

加工品など

フランクフルトソーセージ
パセリ
クリームコーン
たまねぎ

メニュー例

### たんぱく質

**フランクフルト　ソーセージ**　50g (1本)

### 野菜

**たまねぎ**
**クリームコーン**　100g
**パセリ**

#### パックの作り方

| | |
|---|---|
| ソーセージ | 縦長に切り込みを入れる。 |
| たまねぎ | 1cm角の色紙切りにする。 |
| クリームコーン | そのまま。 |
| パセリ | みじん切りにする。 |

| 大きなソーセージで満足感アップ | レンチンのコツ |
|---|---|
| フランクフルトソーセージ ＋<br>たまねぎ・クリームコーン・パセリ | ●汁物は沸騰してきたら時間が早くても取り出す。<br>●容器が小さいと吹きこぼれやすいのでラップはかけず1分長く加熱。 |

おかず

# フランクフルトソーセージ・温野菜添え

**4分** レンチン → 野菜の上に
フランクフルト
ソーセージをのせる。

## フランクフルトソーセージとコーンのスープ

牛乳120mlを注ぐ。
↓

**6分**
レンチン

※ラップはかけない

## フランクフルトキムチ鍋

水150mlを注ぎ、
白菜キムチ50gを加える。
↓

**6分**
レンチン

## 28 Frozen Pack

### 意外に和洋中に使えるスパム

# スパム
# ＋
# えのきたけ・にんじん・万能ねぎ

メニュー例

### たんぱく質
スパム　　　50g

### 野菜
えのきたけ ⎫
にんじん　 ⎬ 100g
万能ねぎ　 ⎭

#### パックの作り方

| | |
|---|---|
| スパム | 一口大に切る。 |
| えのきたけ | 石突きを落とし、長さを2等分してほぐす。 |
| にんじん | 4㎝長さの細切りにする。 |
| 万能ねぎ | 小口切りにする。 |

| 意外に和洋中に使えるスパム | レンチンのコツ |
|---|---|
| スパム ＋ えのきたけ・にんじん・万能ねぎ | ●汁物は沸騰してきたら時間が早くても取り出す。 |

汁物

## スパムとえのきの中華スープ

味つけ
鶏がらスープのもと(顆粒)……小さじ1/4
しょうゆ……小さじ2
ごま油……小さじ1

水120mlを注ぎ、調味料を加える。 → **6分** レンチン

### おかず
## スパム・スクランブル

**味つけ**
塩、こしょう……各少々

**4分**
レンチン

↓

溶き卵2個分と調味料を加え、1分レンチンして混ぜる。

---

### 主食
## にゅうめん

**味つけ**
白だし……大さじ1

**4分**
レンチン

↓

ゆでたそうめん(50g)に白だしと熱湯150mlを注ぎ、のせる。すだちやかぼすの輪切りを添える。

Frozen Pack

## 卵焼きも余ったら冷凍して

# 卵焼き
# ＋
# ゴーヤ・さやいんげん

加工品など

さやいんげん

卵焼き

ゴーヤ

## メニュー例

**たんぱく質**

卵焼き　　50g

**野菜**

ゴーヤ　　　　　⎤
　　　　　　　　｜100g
さやいんげん　　⎦

### パックの作り方

| 卵焼き | そのまま。 |
| --- | --- |
| ゴーヤ | 種とわたを除いて薄切りにする。 |
| さやいんげん | 斜め切りにする。 |

| 卵焼きも余ったら冷凍して | レンチンのコツ |
|---|---|
| 卵焼き + ゴーヤ・さやいんげん | ●汁物は沸騰してきたら時間が早くても取り出す。 |

おかず

# 卵チャンプルー

**味つけ**
ごま油……小さじ1
一味唐辛子……少々
白だし……小さじ1

**4分**
レンチン

↓

卵焼きはフォークでつぶし、調味料を加えて混ぜる。

 汁物

## 卵焼きと ゴーヤのみそ汁

**味つけ**
液みそ……大さじ1

水120mlを注ぎ、
液みそを加える。
↓

**6分**
レンチン

---

主食

## ゴーヤうどん

**味つけ**
カップうどんの調味料

**4分**
レンチン
↓
カップうどんを作って、
のせる。

## 30 Frozen Pack

栄養バランスのいいコンビーフは重宝

# コンビーフ
# ＋
# にら・大根・にんじん

加工品など

## メニュー例

おかず

**たんぱく質**

コンビーフ　　50g

**野菜**

にら　　　⎫
大根　　　⎬ 100g
にんじん　⎭

汁物

### パックの作り方

| コンビーフ | 2cm角に切る。 |
| にら | 4cm長さ切る。 |
| 大根 | 細切りにする。 |
| にんじん | |

主食

| 栄養バランスのいいコンビーフは重宝 | レンチンのコツ |
|---|---|
| コンビーフ + にら・大根・にんじん | ●汁物は沸騰してきたら時間が早くても取り出す。 |

おかず

# 野菜のコンビーフ炒め

**味つけ**
オリーブオイル……小さじ2
ガーリック(粉末) ……少々
塩、こしょう……各少々

**4分** レンチン → 調味料をふって混ぜる。

**汁物**

# コンビーフとにらのスープ

**味つけ**
チキンコンソメ(顆粒)
……小さじ 1/4
塩、こしょう……各少々

水120mlを注ぎ、
調味料を加える。
↓
**6分**
レンチン

**主食**

# にらそば

**味つけ**
インスタントラーメンの
調味料

**4分**
レンチン
↓
インスタントラーメンを
作って、のせる。

# 台所の働き方改革実施中！
# カンタンに料理して、
# 食べることを楽しんで

　「私たちは食べたものでできている」と、古代ギリシャの医学の父、ヒポクラテスは言いました。そうです。体は食べたものでできています。そして、体は24時間休みなく働いています。体作りのために、エネルギーを生み出すために、3食コンスタントに食事をしなくては……と思いますが、これがなかなか大変なこと！

　「お総菜もお買いになるのですね！」と、スーパーで会った人に驚かれます。キャベツ2枚ちぎって皿に入れ、市販の八宝菜をパックごとパカッと裏返しにかぶせ、電子レンジで3分チン。これでほどよい塩分で野菜たっぷりの熱々八宝菜に変身。エビ、イカ、マッシュルーム、キクラゲ、うずら卵も入っていて、プロの味！

　70歳を超え食べてくれる家族がいなくなっても、自分のためにカンタンに料理をして、食べることを楽しんでいこうと思います。

　シニア世代こそ、働くお母さんこそ、電子レンジを活用して欲しいのです。温めだけにしか使わな

いのはもったいない。冷凍パック1個を取り出して器にあけ、電子レンジで4分チン。オリーブ油、塩、こしょうをふって「ハイ！ イタリアンのソテー」。

　ムラカミの冷凍庫をのぞいた人が「エッ、じゃがいもも豆腐もアサリも、生で冷凍していいの!?」と、驚きます。昔のように、ゆでて冷まして絞って切り揃えて冷凍……とやっていたら、時間がいくらあっても足りません。台所の働き方改革です。豆腐を冷凍すると、「す」が入ります。いもやこんにゃくも。その食感も案外楽しい。冒険心がある方はどうぞ！

　私自身「ちゃんと食べて、ちゃんと生きる」を実践しながら、この地道な活動を続けます。人生、100歳時代の到来です。

村上祥子

### 村上祥子(むらかみさちこ)

77歳、元気すぎる料理研究家。管理栄養士。公立大学法人福岡女子大学客員教授。1985年より福岡女子大学で栄養指導講座を担当。治療食の開発で、油控えめでも1人分でも短時間においしく調理できる電子レンジに着目。以来、研鑽を重ね、電子レンジ調理の第一人者となる。「ちゃんと食べてちゃんと生きる」をモットーに、日本国内はもとより、ヨーロッパ、アメリカ、中国、タイ、マレーシアなどでも、「食べ力®」をつけることへの提案と、実践的食育指導に情熱を注ぐ。「電子レンジ発酵パン」をはじめ「バナナ黒酢®」「たまねぎ氷®」など数々のヒットを持つ。これまでに出版した著書は400冊以上、750万部。
公式ホームページ http://www.murakami-s.jp/

---

### たった4分(ふん)チンするだけでおかずにもスープにも
### 凍(こお)ったまますぐ使(つか)える1人分(ひとりぶん)冷凍(れいとう)パック

2019年7月10日　第1刷発行

| | |
|---|---|
| 著者 | 村上祥子(むらかみさちこ) |
| 発行者 | 佐藤 靖 |
| 発行所 | 大和書房(だいわ) |
| | 東京都文京区関口1-33-4 |
| | 電話：03-3203-4511 |
| デザイン | 野村里香（node） |
| 写真 | 株式会社スタジオフィデル（料理写真）、田中大造（プロフィール写真） |
| イラスト | 林舞 |
| 取材・文 | 臼井美伸（ペンギン企画室） |
| DTP | 谷川のりこ |
| 編集 | 時政美由紀（マッチボックス） |
| 印刷 | 歩プロセス |
| 製本 | ナショナル製本 |

© Sachiko Murakami, Printed in Japan
ISBN978-4-479-78475-3
乱丁本・落丁本はお取替えいたします。
http://www.daiwashobo.co.jp/